© 2007 Esslinger Verlag J. F. Schreiber

Anschrift: Postfach 10 03 25, 73703 Esslingen

www.esslinger-verlag.de

Alle Rechte vorbehalten

ISBN 978-3-480-22331-2

Mein Weihnachtslieder-Bilderbuch

Bilder von Sigrid Leberer und Kerstin M. Schuld

Schneeflöckchen, Weißröckchen,
wann kommst du geschneit?

Komm, setz dich ans Fenster,
du lieblicher Stern,
malst Blumen und Blätter,
wir haben dich gern.

Schneeflöckchen,
du deckst uns
die Blümelein zu,

dann schlafen sie sicher
in himmlischer Ruh.

dann baun wir
den Schneemann
und werfen den Ball.

Schneeflöckchen, Weißröckchen

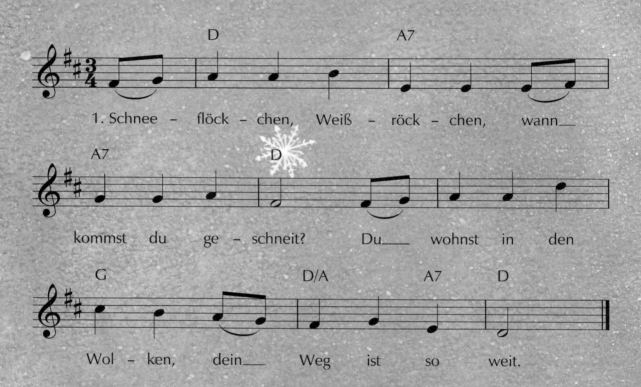

1. Schneeflöckchen, Weißröckchen,
   wann kommst du geschneit?
   Du wohnst in den Wolken,
   dein Weg ist so weit.

2. Komm, setz dich ans Fenster,
   du lieblicher Stern,
   malst Blumen und Blätter,
   wir haben dich gern.

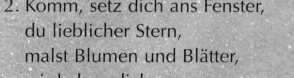

3. Schneeflöckchen, du deckst uns
   die Blümelein zu,
   dann schlafen sie sicher
   in himmlischer Ruh.

4. Schneeflöckchen, Weißröckchen,
   komm zu uns ins Tal,
   dann baun wir den Schneemann
   und werfen den Ball.

Ihr Kinderlein, kommet, o kommet doch all!
Zur Krippe her kommet in Bethlehems Stall.

Und seht, was in dieser hochheiligen Nacht der Vater im Himmel für Freude uns macht.

O seht in der Krippe im nächtlichen Stall,
seht hier bei des Lichtleins hellglänzendem Strahl,

in reinlichen Windeln das himmlische Kind,
viel schöner und holder, als Engel es sind.

Da liegt es, das Kindlein, auf Heu und auf Stroh,
Maria und Joseph betrachten es froh.

Die redlichen Hirten knien betend davor,
hoch oben schwebt jubelnd der Engelein Chor.

O beugt wie die Hirten anbetend die Knie, erhebet die Händchen und betet wie sie!

Stimmt freudig, ihr Kinder –
wer sollt sich nicht freun? –
stimmt freudig zum Jubel der Engelein ein!

1. Ihr Kinderlein, kommet, o kommet doch all!
   Zur Krippe her kommet in Bethlehems Stall.
   Und seht, was in dieser hochheiligen Nacht
   der Vater im Himmel für Freude uns macht.

2. O seht in der Krippe im nächtlichen Stall,
   seht hier bei des Lichtleins hellglänzendem Strahl,
   in reinlichen Windeln das himmlische Kind,
   viel schöner und holder, als Engel es sind.

3. Da liegt es, das Kindlein, auf Heu und auf Stroh,
   Maria und Joseph betrachten es froh.
   Die redlichen Hirten knien betend davor,
   hoch oben schwebt jubelnd der Engelein Chor.

4. O beugt wie die Hirten anbetend die Knie,
   erhebet die Händchen und betet wie sie!
   Stimmt freudig, ihr Kinder – wer sollt sich nicht freun? –
   stimmt freudig zum Jubel der Engelein ein!

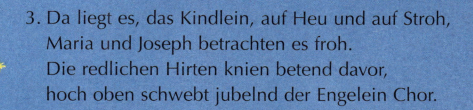

Wie wird dann die Stube glänzen
von der hellen Lichter Zahl,
schöner als bei frohen Tänzen
ein geputzter Kronensaal!

Morgen, Kinder, wird's was geben

1. Morgen, Kinder, wird's was geben,
morgen werden wir uns freun.
Welch ein Jubel, welch ein Leben
wird in unserm Hause sein!
Einmal werden wir noch wach,
heißa, dann ist Weihnachtstag.

2. Wie wird dann die Stube glänzen
von der hellen Lichter Zahl,
schöner als bei frohen Tänzen
ein geputzter Kronensaal!
Wisst ihr noch vom vor'gen Jahr,
wie's am Heil'gen Abend war?

3. Wisst ihr noch die Spiele, Bücher
und das schöne Schaukelpferd?
Schöne Kleider, woll'ne Tücher,
Puppenstube, Puppenherd?
Morgen strahlt der Kerzen Schein,
morgen werden wir uns freun.

Kling, Glöckchen, klingelingeling!
Kling, Glöckchen, kling!

Lasst mich ein, ihr Kinder, ist so kalt der Winter!
Öffnet mir die Türen, lasst mich nicht erfrieren!

Kling, Glöckchen, klingelingeling!
Kling, Glöckchen, kling!

Bring euch viele Gaben, sollt euch dran erlaben!
Kling, Glöckchen, klingelingeling!
Kling, Glöckchen, kling!

Kling, Glöckchen, klingelingeling!
Kling, Glöckchen, kling!

Hell erglühn die Kerzen, öffnet mir die Herzen,
will drin wohnen fröhlich, frommes Kind, wie selig!

Kling, Glöckchen, klingelingeling

1. Kling, Glöckchen, klingelingeling!
   Kling, Glöckchen, kling!
   Lasst mich ein, ihr Kinder, ist so kalt der Winter!
   Öffnet mir die Türen, lasst mich nicht erfrieren!
   Kling, Glöckchen, klingelingeling!
   Kling, Glöckchen, kling!

2. Kling, Glöckchen, klingelingeling …
   Mädchen, hört, und Bübchen,
   macht mir auf das Stübchen!
   Bring euch viele Gaben, sollt euch dran erlaben!
   Kling, Glöckchen, klingelingeling …

3. Kling, Glöckchen, klingelingeling …
   Hell erglühn die Kerzen, öffnet mir die Herzen,
   will drin wohnen fröhlich,
   frommes Kind, wie selig!
   Kling, Glöckchen, klingelingeling …